MARIA A TRAVES DE LOS SIGLOS

Los misterios escondidos de la bienaventurada Virgen María

Marguerite A. Williams

Indice

INTRODUCCIÓN

Podemos ver los cuadros de la Santísima Virgen María, hermosamente adornando las paredes en las iglesias y en las salas de exposición de arte. Notamos que la gente se refiere a ella en revistas, libros, en internet, en realidad, casi dondequiera que vayamos. Desearíamos intervenir en las discusiones sobre ella, pero una voz interior inmediatamente nos dice: "Tú no sabes mucho sobre la Santísima Virgen María, ni eres obispo; por tanto, no te es permitido hablar sobre ella; tal vez ni siquiera eres cristiano."

¿Has pensado en serio quién era realmente María? Una mujer sencilla que pertenecía a la clase campesina, que se ganaba la vida con la agricultura y pequeños negocios como la carpintería, la ocupación tanto de José como de Jesús, podía ser la madre de Dios.

<u>¿Cómo resultó inmaculadamente fecundada por Dios?</u>

No es simple cosa ser madre soltera en nuestra sociedad actual, y en la cultura en que se crio María, eso significaba pena de muerte. Tal vez ella tenía sueños y aspiraciones. ¿Cómo pudo ella lidiar con el riesgo que implicaba el rol de servicio que Dios le daba y sus sueños y aspiraciones personales?

Apostaría que tu estarás luchando por entender a la mujer cuya vida está tan entrelazada con el misterio del Hijo de Dios. En esto no estamos solos.

Algunos creen que María es simplemente la madre de Jesús, y no pueden entender el por qué la veneramos en forma especial. Hay otra gente que piensa que por su relación con Jesús ella es solamente nuestra intercesora en el cielo; lo cual provoca controversia con gente de otras denominaciones.

El propósito de este libro es exponer ciertas verdades espirituales que nos guíen a entender realmente quién es la Santísima Virgen María.

El primer capítulo de este libro trata de la visita del ángel Gabriel a María, y de lo que significa la sumisión de ella a su mensaje, no solo para la humanidad sino para el mundo entero.

El dogma de la plenitud de Gracia en María está basado en el saludo del ángel, cuando se dirige a ella como a la "llena de gracia" (en griego es Kekaritomene).

En nuestros días, la gente tiene más dudas acerca del nacimiento virginal que en tiempos pasados, así que el capítulo cuatro despeja esas dudas y lidia con el conflicto de los creyentes.

A lo largo de las páginas de este libro, se familiarizará con la Santísima Virgen María, cada capítulo le ayudará a adquirir valiosos conocimientos y experiencias, más accesibles que las doctrinas y los dogmas. Además de obtener sabiduría bíblica e información adicional, recibirá pasos prácticos sobre cómo imitarla en sus cualidades y virtudes.

.

Este libro te proveerá las respuestas a preguntas como las siguientes:

¿Quién es la Santísima Virgen María?

¿Cuál es su papel en la historia de nuestra salvación?

¿Cuál es la relación entre la veneración a María y la adoración a Dios?

¿Qué tenemos que hacer para llegar a ser como María?

Alguna mejora te espera con cada palabra que leas. Te invito a que profundices en esa mejora.Y te prometo que estarás contento de haberlo hecho.

CAPÍTULO PRIMERO
Que así sea

El ángel Gabriel fue llamado para una misión especial, y se presentó ante el trono de Dios.

Dios le ha de haber dicho: "Gabriel, te estoy enviando a una misión especial. Estoy enviando a mi Hijo a salvar al mundo. Él tomará un cuerpo humano de una familia sobre la tierra. Tu misión será la de llevar el mensaje a una madre sobre la tierra que yo he escogido para Él, y hacerle saber a ella mi plan. Su nombre es María. Y la encontrarás en un pueblecito llamado Nazaret, en el área montañosa del suroeste del mar de Galilea donde ella vive. Ella está comprometida en matrimonio con un hombre llamado José, descendiente de David. Y algo más... ella es virgen.

Gabriel significa el valiente del Señor. Y no es extraño en las Escrituras, ya que fue enviado con diferentes misiones a Daniel   (Daniel 9,20-27) y también a Zacarías (Lucas 1: 11-20)

Inmediatamente Gabriel se presentó en la casa de María. Y le dijo:

"Saludos, María, yo soy Gabriel. El que está siempre en la presencia de Dios."

María se sorprendió por la presencia y el saludo extraño del ángel. Su rostro palideció ante la presencia majestuosa del mensajero, que ha de haber lucido aterrador e imponente.

"¡El ángel le dijo, '¡Saludos, llena de gracia! ¡La paz sea contigo! ¡El Señor está contigo y te ha bendecido grandemente!' María, profundamente confundida por el mensaje del ángel, cavilaba sobre el significado de sus palabras. El ángel le dijo, 'No temas María; porque has encontrado gracia ante Dios. Concebirás y darás a luz un hijo a quien llamarás Jesús. Él será grande y será llamado hijo del Altísimo. El señor le dará el reino de David, y reinará sobre los hijos de Jacob para siempre, ¡y su reino no tendrá fin!'" (Lucas 1: 26-38)

El majestuoso ángel dijo palabras más propias para la nobleza que para una jovencita pueblerina de Nazaret:

Cualquier jovencita quinceañera que oye la voz de un ángel diciendo lo anterior, no saldría del susto.

Las jovencitas de ese entonces eran comprometidas un año antes de la ceremonia de matrimonio. Y tendrían doce años a doce y medio de edad, así que María debió de estar en ese rango, cuando Dios envió a Gabriel con el mensaje.

Cuando salió del susto, María le dijo al ángel:

"¿Cómo será eso, si todavía no estoy casada?"

María se preguntaba cómo podía suceder esto sin tener relaciones íntimas con un hombre. *¿Cómo puede ser eso siendo yo virgen?*

María hizo la pregunta: *"Cómo,"* y nuestro entendimiento se incrementa con las respuestas que resultan, y sólo hacen nuestra fe más fuerte. María hizo su pregunta en base a su fe, no en duda.

El ángel le contestó:

El Espíritu Santo vendrá a ti, y el poder de Dios te cubrirá con su sombra. Por eso el niño que nacerá de ti será llamado Hijo de Dios. Mira a tu prima Isabel, a la que llamaban estéril, y a pesar de su vejez, ya tiene seis meses de preñez. Porque para Dios nada es imposible'" (Lucas 1:35-37)

Te puedes imaginar lo que María estaba pensando a estas alturas.

¿Cómo puedo explicar esto a alguien? ¿Quién lo entendería y me creería? Mi padre estaría furioso, y mi madre profundamente frustrada. ¿Cómo hago entender a José que esto es obra del Espíritu Santo? El matrimonio sería anulado al instante. ¿Y cómo la demás gente reaccionaría? ¿Me apedrearían a muerte?

María ha de haber permanecido quieta por un largo rato, hasta que fue capaz de decirle al ángel:

"He aquí la esclava del Señor. Que se haga en mí según tu palabra" Y el ángel se retiró." (Lucas 1:38)

María, una joven virgen mujer de Nazaret, nos enseña sobre la servidumbre. Nos enseña a obedecer a Dios, aun cuando todo lo que tenemos de Él es una promesa. Ella creyó en las palabras del ángel: *"Porque nada es imposible para Dios."*

Lo que el ángel anunciaba parecía imposible para los ojos humanos. Su respuesta pudo haber sido de duda o incredulidad como en el caso de Zacarías en el Evangelio de San Lucas (1:18); pero ella escogió una respuesta de fe.

Después de decirle a María que el niño que iba a tener era divino, el ángel le hace saber un secreto de su familia:

"Mira a tu prima Isabel, la que no podía tener hijos, está ya en su sexto mes de embarazo, a pesar de su avanzada edad. Porque no hay nada que Dios no pueda hacer." (Lucas 1: 36-37)

La sumisión de María es sorprendente, y dijo:

Yo soy la esclava del Señor." Le dice María al ángel, "que suceda en mí según lo que has dicho." Y el ángel se retiró. (Lucas 1: 38)

La fe de María estaba anclada en Dios, no en ella misma ni en ningún ser humano, sino en Dios. Nosotros vivimos en un mundo donde mucha gente toma decisiones para el momento o para el futuro. Pero como María, nosotros debemos escoger para el futuro y evitar el egoísmo que tiende a envolvernos. María aceptó la voluntad de Dios para su vida, y su obediencia cambió el curso en la historia de la humanidad. Así que el haber llevado una vida de pureza donde el Espíritu Santo pudo descender, vino a ser la madre del Hijo de Dios.

Se requiere una inquietud poderosa en nuestras almas para llegar a someternos a Dios y aceptar su voluntad en nuestras vidas. María enfrentó con decisión la selección correcta que hizo. Y su selección fue la de dar camino al Rey. ¿Tomaremos la decisión que nos parece correcta pero que al final resulta en destrucción para nosotros, o tomaremos la decisión que nos da vida al someternos a la voluntad de Dios?

A veces, lo mejor que podemos hacer con nuestras vidas es decir de corazón, "Yo soy esclavo del Señor"

Debemos responder en base a nuestra fe como hizo María: *"Yo soy la esclava del Señor, que se haga en mí según su palabra."*

CAPITULO SEGUNDO

La visita de María a su prima Isabel le lleva una grata tranquilidad

Los días siguientes a la visita del ángel fueron interesantes para María, así como desconcertantes.

El pueblo de Nazaret era pequeño y tenía una sola fuente de agua fresca; era por tanto un medio fácil para dejar correr rumores. La gente notó cierto cambio en María, y los rumores han de haber crecido de tal manera que su caso lo envolvió la desgracia. María ha de haber sido criticada por sus propios familiares que la dejaron aislada en su propio pueblo. El silencio entre ella y su futuro esposo José, también, ha de haber sido insufrible. Tal vez ella nunca había oído un silencio tan ensordecedor.

A pesar de todo, María guardó en su corazón las promesas de Dios; y recordó lo que dijo al ángel: *"Yo soy la esclava del Señor."*

¿Qué le quedaba por hacer a María? Sino alejarse a un

lugar lejos y fuera de vista de los ojos acusadores. Necesitaba algún tiempo en privado para procesar todo lo que le estaba pasando. Pensaría que su prima Isabel sería alguien más comprensible en su caso; así que decidió visitarla a la montañosa zona de Judea. Era también una forma de acompañar y asistir a la que el ángel mencionó como la que estaba en su sexto mes de preñez, y recibir consejo de su parte.

También Zacarias, el esposo de Isabel, había recibido la visita del mismo ángel Gabriel mismo que visitó a María.

"María se preparó para viajar al pueblecito montañoso de Judea. Al llegar a la casa de Zacarías, María saludo a su prima Isabel; quien en cuanto oyó el saludo de María, sintió que el niño saltó de gozo en su seno Isabel quedó llena del Espíritu Santo y le dijo a María en alta voz: "Bendita tú entre las mujeres y bendito el fruto de tu seno" y ¿de dónde a mí venga la madre de mi Señor Porque apenas llegó a mis oídos la voz de tu saludo, salto de gozo el niño en mi seno. Feliz la que ha creído que se cumplirán las cosas que le fueron dichas de parte del Señor (Lucas 1:42-45)

Canto de alabanza de María: El Magníficat

María fue tomada de sorpresa por lo que le decía su prima Isabel, y su corazón se llenó de gozo al darse cuenta de que había en ella alguien que la entendía. Así que inmediatamente empezó a cantar:

Y dijo Maria:

"Alaba mi alma la grandeza del Señor y mi Espíritu se alegra en Dios mi salvador porque ha puesto los ojos en la pequeñez de su esclava, por eso desde ahora todas las generaciones me llamarán bienaventurada, porque ha hecho en mi favor cosas grandes el Poderoso, Santo es su nombre y su misericordia alcanza de generación a los que le temen. Desplegó la fuerza de su brazo, dispersó a los de corazón altanero. Derribó a los potentados de sus tronos y exaltó a los humildes. A los hambrientos colmó de bienes y despidió a los ricos con las manos vacías. Acogió a Israel su siervo acordándose de la misericordia – como había anunciado a nuestros padres - en favor de Abrahán y de su linaje por los siglos" (Lucas 1: 46-55)

Maria se quedó con ella unos tres meses y luego regresó a su casa.

Lecciones de la historia

María se quedó por tres meses con Isabel y su esposo, Zacarías, quien había quedado mudo por haber dudado del mensaje del ángel para él. La vacación estuvo llena de momentos memorables de oración, caminatas, tareas domésticas y muchas otras actividades

Pero aún hay más en esta historia. ¿Cuál será?

¿Has estado alguna vez en la situación en que tienes que escoger entre opciones difíciles, por ejemplo, la entrevista para un trabajo que consideras fuera de tu alcance? María, a quien se le había dado la tarea de proveer para el Hijo de Dios de un cuerpo humano, a fin de hacer la presencia de Dios en la tierra, estaba en esa situación. Cuando tú estás en una situación similar, hay veces que todo lo que necesitas es el soporte amigable de alguien que te asegure de que todo irá bien.

Después de todo, María era humana. Así que después de pensarlo y considerar innumerables preguntas y los problemas por delante, tomó la decisión de visitar a Isabel, la mejor persona que conocía.

Pero antes de emprender el viaje, María ha de haber considerado que tenía por delante un largo viaje; sin embargo, sin perder tiempo, empacó lo que necesitaba y se dirigió a las montañas de Judea, donde su prima Isabel vivía con su esposo Zacarias.

El viaje a la casa de Isabel no era corto, y dependiendo de la ruta que tomara, serían unos 120 kilómetros de distancia (a pie). Con los recientes eventos aun en su mente, lo que ella más necesitaba era una amiga con quien pudiera hablar.

María permaneció por tes meses con ella y su esposo Zacarias, a quien el ángel había dejado mudo por dudar de su palabra. Todo ese tiempo abundó en días memorables, en oración, en paseos apacibles por el campo, en las actividades domésticas y en muchas otras actividades.

El bebé en las entrañas de Isabel saltó de gozo tan pronto como ella oyó el saludo de María; y entonces Isabel quedó llena del Espíritu Santo.

¿Qué significa ésto?

Significa que el bebé en las entrañas de Isabel sintió la presencia de Dios y reaccionó con emoción.

Entonces, Isabel llamó a su joven familiar: *"La Madre de mi Señor,"* porque la presencia del Espíritu Santo le indicó a ella que el bebé en el seno de María era el Mesías.

En su viaje a la casa de su prima, María debió de especular sobre los eventos de los recientes días en su vida, y se preguntaría si realmente serían veraces. Sin embargo, al oír lo que su prima decía, aun sin preguntarle, sintió soporte a su fe.

Y es que la preñez en el caso de María sólo era posible con la intervención de Dios, para quien todo es posible.

A veces nos tenemos que esforzar en aceptar ciertas cosas, y hacer lo imposible por aceptarlas, como dejar a un lado la amargura que la disciplina paterna nos causó en nuestra niñez, o en aceptar, como en el caso de María, lo que Dios le decía.

Tal vez tu eres el tipo de persona que pide evidencia por cualquier cosa, pero es bueno que sepas que nuestro mundo está controlado por nuestra fe en lo que vivimos. Y en los momentos de confusión y duda bien podemos acudir al apoyo moral de algún amigo, o un familiar, como hizo María.

El milagro de la venida de Dios a la tierra como un bebé, y naciendo de una mujer virgen es asombroso. Y esta asombrosa historia envuelve a dos mujeres.

Una de estas mujeres es María, la joven virgen que, basándose en su fe, dijo sí a Dios. *"Yo soy la esclava del Señor. Que se haga en mí según tu palabra."* La otra mujer es Isabel, quien ya era de avanzada edad, y que por mucho tiempo había sido estéril, y que ahora de milagro esperaba un bebé. Ella fue quien al verse preñada, dijo: *"El señor ha hecho esto por mí. Ha mirado favorablemente mi caso y ha retirado mi desgracia ante la gente."* *(Lucas 1: 25)*

En la visita de María a su prima Isabel podemos ver algunas lecciones valiosas. Consideremos algunas de ellas:

1.Dios provee en el momento adecuado.

Algunos días, las presiones de la vida nos hacen difícil dejar la cama en la mañana. Los cobros médicos que se acumulan, el aumento de los gastos inesperados ... En este punto, es fácil oír la voz del enemigo que nos hace sentir la sobrecarga y la desesperanza, aún el miedo por el futuro.

Pero debes saber que Dios promete proveer por su gente, y que lo hace a su debido tiempo. Él es un gran proveedor que da en abundancia y personalmente. Él proveyó a María la persona adecuada en el preciso momento. La bienvenida de Isabel en su casa, con brazos abiertos y a pesar de estar preñada a su avanzada edad. Isabel entendió perfectamente la situación de María, y su casa vino a ser para María un refugio personal. Ellas debieron haber hablado y reído como niñas por tener bebés en sus respectivas condiciones. Y debieron haber mencionado a sus esposos.

Así que cuando te encuentres enfrentando una condición física, financiera o emocional, obtén tu fuerza del hecho de que Dios provee por su gente y nunca tarda.

2. **Dios específicamente pone gente en nuestras vidas.**

Con Dios no hay coincidencias. Él tiene todo en control, la gente con quien nos encontramos, las relaciones que formamos: todo. Y Él lo usa todo para orientar nuestras vidas. Dios realmente se preocupa por nosotros y hace íntimos y complicados planes para que las cosas funcionen bien en nuestras vidas. Y por más intrincadas que parezcan nuestras vidas, Dios está pendiente de cada detalle en ellas. Esto significa que quien quiera que aparezca en nuestras vidas, no está allí por accidente, sino por alguna razón y por algún propósito. Dios específicamente los pone a ellos allí. Él puede usar nuestra relación con alguna persona para revelarse por su medio a nosotros. Y viendo atrás nos damos cuenta de que la conexión con ellos ha sido orquestada por Dios. Y con frecuencia también usa nuestra relación con ellos para darles soporte a ellos.

Dios trabaja íntimamente en nuestras vidas. Y aunque tenemos puntos débiles y fuertes, éxitos y fracasos, Él nos da una mezcla de ellos por alguna razón. Nos da la oportunidad de conocerlo a través de ellos.

María estuvo tres meses con su prima Isabel. Y aunque se nos da el tiempo, no se nos dan los detalles de lo que hicieron juntas. Lo que sí podemos decir es que la visita de María a Isabel incrementó su confianza mutua, e hizo su fe más fuerte. Así como Dios puso a Isabel en el camino de María, así pone a otros en nuestro camino, para que los estimulemos, apoyemos y fortalezcamos su fe en Dios. Lo mismo puede suceder con nosotros: que ellos nos apoyen en nuestra fe. Así que es bueno poner atención a lo que Dios hace, para que no se quede perdido en las ocupaciones de nuestras vidas.

3. Debemos usar palabras de bendición

Cuando María entró a la casa de Isabel, ésta la recibió

con muchas bendiciones, diciéndole:

"¡Bendita tú eres entre todas las mujeres y bendito es el fruto de tus entrañas!"

Isabel pudo haber usado palabras como, "Muchacha! ¿no estás aterrada? ¿Qué dirá la gente? ¿Y ahora qué vas a hacer? Más bien, Isabel fortaleció la fe de María con bendiciones. Es bueno, entonces, acostumbrarse a decir palabras de vida, y aplicarlas a la gente con quien nos relacionamos, en vez de meterles miedo.

En nuestro mundo actual, en que la humanidad está hambrienta por encontrase con gente que le prodigue de palabras de aliento, el dedicar más tiempo a la oración y a leer las Escrituras, la Biblia, la Palabra de Dios, nos va a ayudar a bendecir a los demás.

4.Debemos darles a otros una razón para cantar.

María empezó a cantarle a Dios cánticos de alabanza tan pronto como oyó las palabras de Isabel.

¿Se han acercado otros a ti y retirado, con incremento en su fe en Dios para enfrentar el futuro?

Es necesario que demos razón a la gente para cantar. El padre de Juan el Bautista, Zacarias, dudó, pero aun así Dios le dio un hijo a su familia, quizá por las oraciones de Isabel. Así que el milagro del niño hizo de Isabel la fuente de energía que María necesitaba para seguir adelante.

El encuentro entre María e Isabel nos dice que Juan

Bautista desde el seno de su madre reconoció una superior presencia en el bebé de María. E Isabel, en vez de sentirse envidiosa y confrontada, se sintió llena de gozo por ser visitada por la Madre de nuestro Señor.

Tal vez te has sentido alguna vez envidioso por la posición, trabajo o propiedad que Dios les ha dado a otros. En ese caso bien pudiste haber adoptado otra posición: la de entender que Dios escoge a la gente que más se adapte a sus propósitos. Alegrarse con aquellos a quienes Dios ha escogido puede curar los celos que te afligen. Así que cuando te encuentres envidiando a alguien por que ha recibido algo de Dios, simplemente alégrate por él y celébrale. Tu propia bendición te llegará y alguien te celebrará.

5.Entender el valor de la vida.

La vida es valiosa; y el Dios de los cielos no omitió esa fase en la vida de Jesús que empieza en el seno de su madre. El regalo de la vida es especial, y Dios quiso enseñarnos que la vida en el seno de una madre es importante. Una mujer preñada, o un padre de familia, pueden entender la profundidad del amor que una persona experimenta por el niño que viene y la responsabilidad de mantenerlo. El niño se siente la imagen pequeña de ti y tú entiendes que el niño viene a tu imagen.

6.Dios nunca nos abandona.

Las luchas por la vida pueden ser devastadoras y de seguro sus retos tienden a desanimarnos. Te podrás sentir desanimado por la insistencia de un pecado familiar tuyo que insiste en tocar a tu puerta por años y años, y no sería raro que te sientas cansado de luchar. Con el tiempo pueden llegar a convertirse en debilidades habituales, y tú te ves descuidando tus oraciones usuales, o cansado de no recibir respuestas. Pero, no te desanimes.

Isabel se ha de haber sentido culpable por desistir en sus oraciones a Dios por un niño, porque tomaba mucho tiempo su respuesta; pero Dios nos da segundas oportunidades, y lo demostró claramente al concederle un hijo: Juan Baptista. Puede ser que te sientas rezagado y que has perdido tu chance. O te puedes sentir lejos de Dios y que Él no tiene razón para usarte. Pero Dios siempre está en nuestro medio, y aunque hayas abandonado tus oraciones y llamadas de auxilio, bien puede asomarse inesperadamente frente a ti. Dios nunca te dejará, aunque tú lo dejes a Él. Haz la prueba llamándolo y te sorprenderás de lo que tiene para ti.

Nosotros decimos que Dios escucha nuestras oraciones. Pero, aunque no nos conceda lo que pedimos, Él siempre nos da lo que es mejor y para nuestro bien. Su tiempo es perfecto y su entender es mejor que el nuestro. Confiando en Él, aunque no entendamos lo que pasa, nos hace ver el punto donde Dios trabaja en nuestras vidas. Nuestros ojos se abrirán y verán las nuevas formas que nos acercan a Él. La razón por la que no nos deja solos es porque Dios quiere lo mejor para nosotros. En este mundo de satisfacciones instantáneas es muy difícil esperar con calma por respuestas a oraciones que hace tiempo acostumbramos. Pero recibiremos calma en medio del caos en nuestras vidas, si nos olvidamos en poner límites y fechas fijas a Dios para esas respuestas que esperamos.

CAPITULO TERCERO

No hay alojamiento

Cesar Augusto, emperador romano, había ordenado un censo en todo su imperio, y le tocó a la pareja viajar a Belén, por ser descendientes del Rey David. Así que José se preparó para el viaje.

"Y José fue a Belén a registrarse con María, con quien estaba comprometida en matrimonio. Ella estaba embarazada..." (Lucas 2: 5)

El viaje que José y María hicieron fue de la ciudad de Nazaret a Judea, a la ciudad de David que se llamaba Belén, por ser el de la casa y familia de David. En el camino, ella sufrió la incomodidad de su avanzado embarazo, y tal vez la gente en los campos vecinos los vieron pasar con muchos otros que iban por el mismo camino y tal vez les ofrecerían ayuda.

¿Pero porque tenía que viajar María en sus condiciones? El viaje les llevaría muchos días para completarlo, y demandaba muchas paradas para descansar y renovar las provisiones. Una mujer joven y en sus condiciones hubiera preferido quedarse en casa, cerca de amigos y familiares que le pudieran ayudar a la hora del parto. Pero con valentía, María decidió acompañar a su esposo José y apoyarlo en sus decisiones.

Que María haya decidido por el viaje en obediencia a su esposo José, o en obediencia al decreto imperial del Cesar, o en sumisión a la profecía de Dios, su decisión nos dice mucho: de su espíritu humilde y obediente, su grado de instrucción avanzada para su edad, y de su ejemplo de sumisión para nuestras vidas.

No es coincidencia que el decreto imperial del César y el nacimiento de Jesús sucedieran al mismo tiempo. Ya existía una profecía escrita del profeta Mica que mencionaba a Belén (en Aramaic y Hebreo Belen quiere decir Casa del Pan) como el lugar donde nacería el Mesías. Y les tocó a José y a María hacer ese viaje a Belén para registrarse, ya que ambos eran de la descendencia del Rey David.

Quien viaja de Nazaret a Belén tiene que andar cerca de ciento treinta kilómetros, pasando por Samaria, y emprender una caminata cuesta arriba por las montañas. Pero María entendía que Dios le asignaba la tarea específica de dar a luz al Mesías, el Hijo de Dios, en Belén, y por tanto veía la necesidad de embarcarse en el viaje lo más pronto posible, a pesar del riesgo. Su fe enfrentó el reto y permaneció espiritualmente firme.

Cuando María vio Belén de lejos ha de haber dado un respiro de alivio; todo lo contrario, por la multitud que llegó a empadronarse no había alojamientos disponibles, y la pareja tuvo que buscar algún lugar en las afueras del pueblo. Al fin encontraron un establo abandonado, que por lo menos les ofrecía un reposo momentáneo para pasar la noche.

Imaginémonos la angustia de José, al ver que María estaba ya sintiendo los primeros espasmos del alumbramiento, y verse lejos de casa para encontrar la ayuda que no tenían en Belén.

Aunque no se dan detalles en el evangelio sobre si María disfrutó de la exoneración del sufrimiento del parto que se le asignó a la mujer después del pecado original (Génesis 3: 16); El pecado heredado hizo que mujeres sufrieran dolor durante el parto (Gén. 3,16). Eso significa que María también experimentó el dolor del parto, ya que no existe evidencia que sugiera que estuviera exenta de ello.

Después del nacimiento de Jesús, ella lo envolvió en pañales, y lo recostó en un pesebre cercano.

"Y dio a luz a su hijo primogénito (la palabra primogénito subraya la dignidad y los derechos del niño, sin suponer necesariamente hermanos menores), le envolvió en pañales y le acostó en un pesebre, porque no tenían sitio en el albergue." (Lucas 2: 7)

Un estable no es un lugar ideal de higiene y de buen aire, y el pesebre es un cajón destinado a ponerle alimento al ganado para que coma. Nadie escogería un lugar semejante para darle la bienvenida a su bebé; más bien, escogería uno mejor. Igualmente, José y María hubieran escogido lo mejor para el Hijo de Dios que venía al mundo, si hubiera estado a su alcance. Ellos hicieron lo mejor que pudieron y no dejaron que las adversidades los amargaran.

Las dificultades de la pareja debieron haber empezado desde el momento en que tuvieron que tomar la decisión de viajar. Tenían por delante la orden imperial de ir al censo, el hecho de que la unidad de la pareja podría verse en juego, pero, sobre todo, tenían ante ellos la profecía de Dios, que determinaba su decisión. Por otro lado, el estar avanzada en su preñez pudo haber determinado en la decisión de María un justificable "no," pero ella ha de haber visto la oportunidad de renovar el "Si" que pronunció ante el ángel.

El viaje ha de haber sido pesado en extremo, ya que no era terreno plano sino montañoso en su mayor parte, además de tener que atravesar por un territorio samaritano hostil. Se ha registrado que la gente que viaja por el mismo camino en mula, avanza más o menos veinticinco kilómetros por día, pero la pareja ha de haber avanzado solamente diez, debido a la preñez de María. Además del mal tiempo, sufrido el paso de lodazales y terrenos empedrados y José debió de estar pendiente de todos estos detalles para evitarles a María y al bebé más incomodidades.

Sin embargo, las cosas no mejoraron cuando la pareja llegó a Belén. No encontraron hospedaje para pasar la noche en ninguna posada del pueblo y enfrentando también la escasez de alimento entre otras cosas, teniendo que buscar refugio en algún lugar aislado en las afueras del pueblo, sobre todo porque ya había señales de que en bebé venía. Al fin encontraron un establo abandonado y aislado del resto de la gente y, allí se acomodaron.

Después del nacimiento del niño, la paz del lugar se alteró más, cuando de repente les llegó la conmoción de alegres pastores y curiosos, atropellándose por llegar y ver al niño. Y por contarle a la pareja lo que les pasó en la montaña donde cuidaban de sus ovejas. Les dijeron que un nubarrón de ángeles invadió todo el firmamento encima de ellos y que cantaban como locos, alabando a Dios y anunciándoles que el Salvador del mundo había nacido en las cercanías del pueblo, y que lo encontrarían en tal o cual lugar con su madre, quien lo había envuelto en pañales, y recostado en un pesebre. Seguramente los pastores les habrán hecho llegar algo de ayuda en sus necesidades.

Una lección de navidad al preparar nuestros pesebres.

San Lucas nos relata la historia en su Evangelio, que María y José tuvieron que viajar de Nazaret a Belén para participar en el censo que estaba haciendo el gobierno romano. Roma dominaba el mundo de ese entonces. El plan de Dios era que la pareja estuviera en Belén para darle la bienvenida al Hijo de Dios, tal como lo anunciaba la profecía, y prepararlos a ellos para los acontecimientos que tendrían lugar después. Lo mismo sucede con nosotros, porque tan luego como viene Jesús a nosotros para Navidad, no podemos permanecer igual que antes, es bueno, que oremos para que Dios nos indique que cambios debemos realizar para mejorar nuestras vidas.

Muchos piensan que el tiempo de Adviento es solamente un tiempo inactivo de esperar nacimiento de Jesús. Pero se la pasan comprando regalitos y adornos para decorar la casa para esos días, enfatizando más en gastar y gastar.

El mantener la casa adornada nos pone en el espíritu navideño, es cierto, y el brindar regalitos aquí y allá nos recuerda del gran regalito que Dios nos dio en Jesús. Es cuestión de prioridades. El profeta Isaías nos dice: "una voz grita en el desierto: preparen los caminos, hagan derechos los caminos torcidos para el Señor."

Cuando gastamos, es bueno pensar en los que tienen poco, y en separar una contribución para ellos.

El pesebre donde reposó el niño Jesús es un símbolo de nuestro corazón, donde realmente debe estar, porque para eso vino al mundo: para redimirnos y salvarnos dentro de nosotros mismos.

Después de no encontrar alojo en las posadas del

pueblo, María y José debieron sentirse agradecidos por encontrar el establo para descansar y reclinar al niño por nacer. La guía angelical de la estrella trajo a los pastores y a los reyes magos al lugar donde Jesús nació, para que pudieran darle homenaje, en la misma forma que nuestro ángel guardián nos guía hacia Jesús para obedecerlo.

Es bueno para nuestras vidas, el que imitemos el espíritu humilde y de fiel servicio a Dios como María mostró en todo este proceso, porque a pesar de los contratiempos, permaneció firme en el "sí" que ante el ángel le ofreció a Dios, y permaneció preparándose para lo que vendría mas adelante. María obedeció a José, acompañándolo en el viaje, a pesar de lo avanzado de su embarazo, y al mismo tiempo cumplió con el mandato del César y con la profecía de Mica. Al mismo tiempo, José cuidó de María y cumplió con la profecía y el mandato del emperador.

Es muy fácil dejarse llevar por las ocupaciones de la vida y descuidar la razón por la cual Jesús vino al mundo. Ambos, María y José le dejaron a Dios el cuidarlos en su camino y no se desviaron de esa razón de Dios.

Con frecuencia pensamos erróneamente que la fe es un escudo contra las frustraciones y las penas de esta vida. María sufrió, pero permaneció sujeta al dolor hasta el fin, usando la fe en Dios para fortalecerse en sus sufrimientos. En eso, María reveló la fortaleza que Dios le dio al confiar en Él, y así pudo emprender el viaje a Belén en su estado avanzado de preñez.

Ella conocía el miedo, y a pesar de ello recibió fortaleza en su sufrimiento con la presencia de Jesús en sí misma.

Tú puedes tener dudas y preguntas que bloqueen tu fe, pero no debes dejar que tus dudas desplacen a tus preguntas. María, aunque le hizo preguntas al ángel, nunca dudó del poder de Dios.

O tal vez pudiste haber fallado en tu confianza en Dios, anteponiendo tus propios intereses a su voluntad. Tal vez por miedo a perder tu comodidad y estilo de vida familiar.

¿Qué tal si el mensaje dado a María (El Señor es contigo) se te diera a ti? Pues ya se te dio en propio ser, porque si a Juan Bautista se le ordenó decir: "preparen los caminos para el Señor," ya en María el camino estaba trazado en su ser por su fe.

Fe es obediencia a Dios. Porque la fe está basada, no en lo que no podemos entender sino en nuestra confianza en El. Ella es nuestro ejemplo, al preparar para Jesús el camino, y proporcionarle en si misma un hospedaje donde reposar.

CAPITULO
CUARTO

El Nacimiento virginal y el conflicto
de los creyentes

El término "Virgen Madre" parece contradicción para muchos. Imagínate la mente de una quinceañera, María, a quien se le dio la misión más extraña y única en la historia del mundo.

El nacimiento virginal es visto como un mito por los humanistas y científicos que creen que el método científico es la única fuente de la verdad. Ellos creen que fuera de su campo nada pueda suceder.

Pero, ni la naturaleza ni la ciencia pueden atar las manos de Dios, quien es Todopoderoso, y puede hacer lo que quiera. El nacimiento virginal es simplemente un milagro, que podrá ser imposible para el ser humano, pero para Dios no hay nada imposible.

La joven quinceañera era María, una mujer joven y virgen que concibió al ser cubierta por la sombra del Santo Espíritu de Dios, de lo cual resultó el nacimiento del Hijo de Dios, a quien se le dio el cuerpo humano proporcionado por el cuerpo santo de María, y al que se le dio el nombre de Jesús. Sin embargo, a muchos cristianos les cuesta aceptar que María era virgen antes, y permaneció virgen después del nacimiento de Jesús.

En ella se cumplió una de las profecías de Isaías que dice:

"Pues bien, el Señor mismo va a darles una señal "He aquí que una doncella está en cinta y va a dar a luz un hijo y le pondrá por nombre Emmanuel." (Isaías 7: 14)

Sabemos con seguridad que, en el tiempo del Profeta Isaías las vírgenes, no resultaban preñadas. Así que la versión que dice que "una doncella dará a luz un hijo…." le falta lo de "la virgen concebirá y dará a luz un hijo…"

Talvez por ello, la virginidad de María, antes y después del nacimiento de Jesús se ha puesto en tela de juicio. No es una controversia entre católicos y protestantes, como mucha gente piensa, pues muchos líderes protestantes, como Martin Luther, siempre sostuvieron la perpetua virginidad de María. Ningún tópico de FE, ha tenido más argumento y criticismo de parte del creyente como la de la virginidad María a lo largo de su vida.

Veamos más de cerca el caso

La Iglesia Católica sostiene cuatro dogmas marianos, de los cuales uno es de la virginidad perpetua de

María. Un dogma, es una revelación de Dios que ha sido transmitida por las escrituras y que ha sido definida por la Iglesia para que los fieles la crean. Tiene que ver con la FE y la moral.

Estos cuatro dogmas son:

1.- La inmaculada concepción de María.

2.- El papel de María como Theotokos, que significa "Madre de Dios"

3.- La perpetua virginidad de María. Y

4.- La Asunción de María al cielo en cuerpo y alma.

La Iglesia reconoce la perpetua virginidad de María como una verdad revelada y su negación es una herejía.

El dogma de la perpetua virginidad de María es uno de los dogmas más largamente definidas por la Iglesia.

Hay dos Evangelios en la Biblia: El de San Mateo (Mateo 1: 18) y el de San Lucas (Lucas 1: 34-35) que mencionan en forma muy clara la virginidad de María. La virginidad de María garantiza que Jesús es completamente hombre y completamente Dios, por tanto, garantiza la divinidad y la humanidad de Jesús.

La iglesia reconoce la perpetua virginidad de María después del nacimiento de Jesús. Y este dogma fue definido por el papa Martin Primero, en el Concilio de Trento, en el año 649 después de Cristo.

Dice así:

"La Santísima, siempre-virgen e inmaculada María concibió por el Espíritu Santo, sin la simiente humana. Y dio a luz sin pérdida de su integridad. Y después del parto conservó su virginidad inviolada."

De acuerdo con la definición de la perpetua virginidad de María dado por el papa Martin, no hubo lesión física causada a su sello virginal cuando Jesús nació. También se enfatiza que, por respeto a Dios, nunca hubo relación sexual ni con su esposo ni con otro, y que no tuvo más hijos después de nacer Jesús, y que permaneció virgen a lo largo de su vida en la tierra.

El termino *Aeiparthenos,* que significa *siempre-virgen,* es usado en la Iglesia Ortodoxa Griega y en la Iglesia Católica occidental para describir la dignidad de María.

La Iglesia Católica nos enseña que la escritura revela su virginidad antes del nacimiento de Jesús. El Credo de los Apóstoles también afirma su virginidad diciendo: "Jesucristo fue concebido por obra del Espíritu Santo, y nació de santa María virgen…" La virginal concepción de Jesús inicio la unión de la madre con el Hijo en el plan de Dios por nuestra salvación. El nacimiento de Jesús santifico su virginal integridad y la mantuvo sin disminución.

La virgen María tiene muchos atributos y su virginidad es sólo uno de ellos. Fue una persona de integridad cuyo cuerpo expresaba a su espíritu perfectamente y sin ninguna tensión. Su cuerpo y su alma estaban totalmente consagrados a Dios. María, como el Arca de la Alianza, llevo la presencia de Dios dentro de sí, *__y fue preservada de toda contaminación.__*

La enseñanza controversial de la Iglesia Católica de que María es siempre-virgen se apoya en tres pilares:

La concepción de Jesús en María, que es conocida como *"virginitas ante partum"*

María dando a luz a Jesús, es conocida como *virginitas in partum* y,

María permaneciendo virgen después del nacimiento de Jesús, que es conocido como *virginitas post partum.*

La virginidad de María antes de la concepción de Jesús está bien establecida por el Evangelio de San Mateo y el de San Lucas. Se refieren a ella como "una virgen" (Lucas 1: 26-27), Mt 1: 18) Cuando el ángel le dio a María el mensaje de que iba a dar a luz al Mesías, ella le dijo, *"Cómo puede ser eso si yo no conozco varón."* Lo cual nos dice que María era virgen e intentaba seguir siendo virgen.

En cuanto a la virginidad de María después del nacimiento de Jesús, los católicos sostienen que María y José no tuvieron otros hijos después que nació Jesús, y que Jesús no tuvo por consanguinidad ni hermanos ni hermanas. José era un hombre justo y temeroso de Dios. El ángel del Señor se le apareció en sueños y le dijo "Jose hijo de David, no temas tomar contigo a Maria, tu mujer porque lo engendrado en ella es del Espíritu Santo (Mateo 1:20)

Por dos mil años, los eruditos en la Escritura y los Teólogos han permanecido divididos en este tópico. Han estado debatiendo y argumentando si "los hermanos y hermanas de Jesús" que mencionan los Evangelios eran realmente sus hermanos biológicos, o sus primos.

En los primeros siglos del cristianismo, se menciona a los hermanos de Jesús, especialmente San Pablo, los nombra como "los hermanos del Señor" (Gálatas 1: 19); (1 Corintos 9: 5) Pero se ha debatido el hecho de que fueran realmente hermanos por consanguinidad de Jesús, sobre todo por lo concerniente al dogma de la perpetua virginidad de María.

Hay tres puntos de vista en esto:

1-El punto de vista Heldiviano sostiene que los hermanos de Jesús que se mencionan en las Escrituras eran hijos de José y María después del nacimiento de Jesús.

2-Otro punto de vista, llamado Epiphaniano, que sostiene que los hermanos de Jesús a los que se refieran las Escrituras eran hijos de un anterior matrimonio de José, antes de casarse con María. Lo cual nos sugiere que estos eran mayores en edad que Jesús. 3- Y el otro punto de vista, llamado Hieronymiano, que vino a ser el tradicional punto de vista católico por la influencia de St. Jerónimo, sostiene que los hermanos de Jesús eran sus primos. El término "parentela" incluye a los primos.

El recuento bíblico y otros argumentos contra la virginidad perpetua

La perpetua virginidad de María, la Madre de Jesús, es una extensión del dogma del nacimiento virginal. La Biblia es la autoridad que los cristianos reconocen, así que es útil para revisar los argumentos bíblicos y tener una imagen más clara de la perpetua virginidad de María.

Los evangelios de St. Mateo y de St. Marcos exponen lo siguiente:

"No es éste el hijo del carpintero? ¿No se llama su madre María y sus hermanos Santiago, José, Simón y Judas? Y sus hermanas ¿no están todas entre nosotros? Entonces ¿de dónde viene todo esto?" (Mateo 13: 55-56)

¿No es este el carpintero, el hijo de María, y hermano de Santiago, José, Judas y Simón? ¿Y no están sus hermanas aquí entre nosotros? Y se escandalizaban a causa de él (Marcos 6: 3)

En base a esto, algunos sostienen que la definición de los hermanos mencionados aquí se concreta solamente a primos cercanos y distantes de Jesús. Y para ellos, los escritores sostienen que de ese tiempo debieron usar el término griego de primos: *anepsios*, que fue usado en la carta a los Colosenses (Col 4 : 10) Si ellos hubieran sido familiares más distantes, bien pudieron usar la palabra *suggenes,* que significa familiares, y fue la que se usó san Lucas para describir la relación entre María e Isabel (Lucas 1: 36) St. Mateo y St. Marcos usan las palabras *adelphos,* que es más comúnmente traducida como hermanos , incluyendo los primos, y *adelphe,* que es más comúnmente traducido como hermanas, incluyendo las primas.

Los que sostienen que los evangelios se refieren a los hijos de José y María, opinan que Jesús no hubiera sido criticado al mencionar a su padre y a su madre, y sorpresivamente referirse a familiares distantes.

St. Pablo también escribe acerca de un hermano de Jesús. Al referirse a su primer viaje a Jerusalén después de convertirse, nos dice que *"Y no vi a ningún otro apóstol, sino a Santiago el hermano del Señor" (Gálatas 1: 19)*

El primer capítulo del Libro de los Hechos de los Apóstoles habla de los discípulos reuniéndose para elegir sustituto de Judas Iscariote. María, la madre de Jesús, y sus hermanos se mencionan allí.

"Los apóstoles fueron del Monte de los Olivos y se reunieron en Jerusalén, que está a media milla de distancia. Entraron en la ciudad y fueron al salón donde se reunían, generalmente eran Pedro, Juan, Santiago y Andrés, Felipe y Tomas, Bartolomé y Mateo, Santiago hijo de Alfeo, Simón el patriota y Judas hijo de Santiago. Allí se reunían para rezar en grupo, junto con las mujeres y María, madre de Jesús y sus hermanos." (Hechos 1:

12-14)

El apóstol Mateo dice:

"Después del sueño, José hizo lo que el ángel le dijo, y tomó a María como esposa; pero no tuvo relaciones con ella en el tiempo anterior al nacimiento de Jesús. Y cuando el niño nació, le dio el nombre de Jesús." (Mateo 1: 24-25)

Algunas personas opinan sin pruebas, y argumentan que el Apóstol St. Mateo al decir: "y no tuvo relaciones sexuales con ella antes de que diera a luz" implicaba que si las tuvo después. Y encuentran contradicción entre la palabra del apóstol y el hecho de que María haya permanecido virgen.

En esos tiempos, las relaciones sexuales eran descritas con la palabra: "Conocer." Dice el libro de Génesis que Adán conoció a Eva y ella concibió a Caín, que la conoció de nuevo y ella concibió a Seth (Génesis 4: 1-2 y 4: 25) Y Caín conoció a su esposa y ella dio a luz a Enoc, de acuerdo con el mismo libro (Génesis 1: 17),

Los que argumentan lo de: "José no tuvo relaciones sexuales con María hasta que dio a luz a su primogénito." dicen que pudo haberlas tenido, porque es comprensible que José no haya tenido ninguna relación sexual con María antes del nacimiento de Jesús, consecuente con la profecía de Isaías: *La virgen concebirá y dará a luz a un varón." (Isaías 7: 1)* Pero decir que José actualmente tuvo relaciones sexuales con Maria después de dar a luz a Jesús, es lo mismo que decir que María ya no era virgen después. Y aunque José era legítimo esposo de María, por tanto, con derecho a tener relaciones íntimas con ella después de que Jesús nació, eso no quiere decir que las tuvo. José era un hombre justo y temeroso de Dios.

No hay otra interpretación aquí para la palabra *"conoció."* Claramente significa "tener relaciones maritales con." Pero la palabra "hasta que" implicando que ellos consumaron su matrimonio después de dar a luz a Jesús, es incompleto e infundado.

Otro punto por considerar es que no hay pecado en tener relaciones sexuales en un matrimonio legítimo, puesto que el matrimonio fue creado por Dios. Jesús menciona el (Gen 2: 24) en el Evangelio de San. Mateo (Mt 19: 5-6), diciendo que *'Los dos serán una sola carne."*

En Genesis 1: 28 y Genesis 9- 1-7, nos encontramos con que Dios les dijo: creced y multiplicaos." Y esa es una buena razón para consumar un matrimonio según el Profeta Malaquías 2: 14-15, pues, según él, es tener buena descendencia como Dios lo manda.

Acerca de Jesús teniendo más familiares, algunos traen para consideración la siguiente referencia del evangelio:

"Estaba aún Jesús hablándole a la gente, cuando su madre y sus hermanos se presentaron a la entrada de la casa. Permanecieron afuera y pidieron hablar con Jesús. Así que alguien llegó a decirle, 'Mira, tu madre y tus

*hermanos te esperan en la entrada y quieren hablar con-
tigo." Jesús le respondió diciéndole, 'Quién es mi madre?
¿Quiénes son mis hermanos? Luego señalando con el
dedo a sus discípulos, dijo; ¡He aquí a mi madre y mis
hermanos! Y quien hace la voluntad de mi Padre celestial
es mi hermano, mi hermana y mi madre." (Mateo 12:
46-50)*

St. Marcos 3: 32-35 y St. Lucas 8: 19-20) también
tocan el caso en la misma forma. Ellos dicen entonces
que estos pasajes refuerzan la idea de que Jesús tenía
más familiares. Aquí se le ve mencionando la diferencia entre su madre y hermanos sanguíneos, fueran
estos también sus primos, y su madre y hermanos en
el orden espiritual.

Los argumentos en pro y contra de la perpetua virginidad de María han existido por muchos años, y
los católicos mantienen por más de dos mil años
de tradición que María, la Santísima madre de Jesús,
permaneció siempre virgen antes y después del
nacimiento de Jesús.

CAPITULO CINCO
Theotokos: Bendita

¿Qué queremos decir con eso de que Dios tiene una madre? ¿Es eso posible? La pregunta es sincera y la respuesta es importante.

Theotokos es el título que se le ha dado a María, y significa: "Madre de Dios." El significado de esta palabra griega es: "quien lleva a Dios." Es universalmente aceptado que María sea la madre de Jesús.

Entonces, quién es Jesús. Es hombre o es Dios. ¿O es ambos: hombre y Dios? ¿Es que María realmente llevaba a Dios? ¿Era realmente Theotokos? ¿Por qué se le da tanta importancia?

Muchos cristianos no pierden el sueño pensando sobre los papeles que Dios le asignó a María, pero tienen dificultad en uno de ellos sea concederle a María el título de "Madre de Dios."

¿Es que el título de María como Madre de Dios, tiene que ver con la identidad de Jesús?, pues eso define el estatus de María. La verdad es que Dios y el hombre se unieron en el vientre de su madre María, y ella fue convertida en el medio por donde Dios bajó a la tierra. En la Liturgia Divina de la Iglesia Católica se dice "encarnado por el Espíritu Santo y la Virgen María." Entonces, relegar a María, o luchar contra ella en este respecto, significa luchar contra el cristianismo en sus raíces.

En el tercer Concilio de Éfeso, la Iglesia Católica tomó una decisión: estableció en términos claros que María debe ser venerada como Theotokos, porque ella es la virgen que dio luz al Mesías, y el Mesías es el verdadero Dios que se hizo hombre. Ella es la madre del perfecto hombre, quien es a la vez el perfecto Dios.

Así que cuando veneramos a María como Theotokos, estamos afirmando que Jesús es Dios-Hombre, con dos naturalezas en una sola persona, y la divinidad de Jesús y su humanidad no están separadas. María es la Theotokos (la portadora de Dios).

María es la asombrosa quinceañera que Dios escogió para que recibiera a su Hijo en su seno y que fuera su madre en la tierra. Ella no parecía conocer el futuro, pero lo aceptó con fe.

"Yo soy la esclava del Señor" dijo ella, "Que se haga en mí según tu palabra." Y el ángel desapareció (Lucas 1: 38)

Isabel le dijo a María estas palabras:

"Bendita tú eres entre todas las mujeres, y bendito es el fruto de tu seno. ¿Y de dónde a mí que venga a verme la madre de mi Señor " (Lucas 1: 42-43)

Llamar a María la Madre de Dios puede sonar raro en los oídos de algunos cristianos, pero se deriva de lo que Isabel le dice a María: *"la Madre de mi Señor."* (Lucas 1: 43) No quiere decir que María era antes que Dios como una madre celestial, sino solamente que Dios formó en su seno a su Hijo, quien es Dios mismo.

En nuestros días muchos se preguntan sobre la forma que Dios usó para impregnar a la quinceañera. De acuerdo con las escrituras, María con toda honestidad le hizo esa misma pregunta al ángel, y el ángel respondió:

"El Espíritu Santo vendrá sobre ti y el poder del Altísimo te cubrirá con su sombra" por el eso el que ha de nacer será santo y se llamara hijo de Dios (Lucas 1: 35)

El ángel le dice a María que el Espíritu Santo descendería sobre ella, en la misma forma en que el Espíritu Santo descendería sobre los Apóstoles en Pentecostés, lo cual nada tiene que ver con lo sexual. La misma frase es usada en la referencia del Acta de los Apóstoles, cuando Jesús les dice a ellos:

"Pero cuando el Espíritu Santo descienda sobre ustedes, quedarán llenos del poder de Dios, y entonces serán mis testigos en Jerusalén, y en Judea, y en Samaria, y en todos los rincones de la tierra." (Hechos 1: 8)

El Espíritu Santo transforma. Los términos "llenos," y "bautizados" son otras analogías que se han usado en el Nuevo Testamento para describir cuando el Espíritu Santo viene sobre alguien.

"El poder del Altísimo," equivale a decir "Espíritu Santo," y "cubrir con su sombra" (episkiazō) equivale a "descender sobre alguien."

El Espíritu Santo vino sobre María para que el Santo Niño por nacer fuera llamado Hijo de Dios. Lo divino viene a unirse con lo humano, en el misterio que llamamos encarnación. María, que es humana, dio a luz a un santo Niño, cuando su hijo fue concebido por el Espíritu Santo. Su niño es tan santo como Dios es santo, y el niño humano-divino es llamado Hijo de Dios.

Se ve claro en las Escrituras que St. Lucas quiere hacernos ver la preñez de María y el nacimiento de Jesús, como el mismo milagro; y nos propone al niño Jesús como un descendiente biológico de Dios y de María.

La encarnación es un misterio maravilloso, y los primeros padres de la Iglesia encontraron difícil explicarlo. El Credo de los Apóstoles nos dice:

"Creo... en Jesucristo su único Hijo, nuestro Señor, que fue concebido por el Espíritu Santo, y nació de santa María Virgen..."

El nacimiento virginal de Jesús está claramente definido en el Concilio de Nicea (325, 391 AD), que dice:

"Creo en nuestro Señor Jesucristo, el único Hijo de Dios,

engendrado por el Padre antes de todos los siglos. Luz de Luz, Dios de Dios, engendrado, no creado, de la misma naturaleza del Padre…"

El Credo de Nicea afirma que Jesucristo es completamente divino. Él es el Dios humanizado. Dios encarnado, y no simplemente con similaridades con Dios.

"Encarnare" es una palabra en latín, que significa "hacerse carne." Decir que Jesús es Dios encarnado significa que Dios tomó para Sí un cuerpo de carne humana (Juan 1: 14), sin abandonar su Deidad. Vino a ser totalmente humano sin dejar de ser totalmente Dios. Uno de los más grandes misterios de la cristiandad es que Jesús es Dios y hombre simultáneamente; con dos naturalezas: humana y divina. Como les dijo Jesús a sus seguidores:

"Créanme cuando les digo que yo estoy en el Padre y el padre está en mí." (Juan 14: 11)

In su carta a los Colosenses, St. Pablo habla de Jesús, diciendo:

"Porque por Él, Dios, creó todo lo que existe en el cielo y en la tierra, lo que se ve y lo que no se ve, incluyendo los Poderes, los Dominios, las Potestades y las Autoridades. Dios creó todo el universo por su medio y todo para Él."

La mujer, su Hijo y la serpiente.

Satanás no entendió completamente el plan de Dios en cuanto al nacimiento de Jesús. No percibió que el

Mesías que enviaba al mundo era totalmente divino. De hecho, la expresión: "Hijo de Dios," lo dejaría confuso.

Cuando Jesús fue bautizado en el río Jordán, Dios el Padre exclamó desde el cielo, para que todos lo oyeran:

"Este es mi Hijo muy amado en quien me complazco." (Mateo 3: 17)

Después de oír esto, Satanás el diablo, no perdió tiempo en sus maquinaciones. Así que cuando Jesús fue llevado por el Espíritu al desierto, se aproximó a Él, y le dijo:

"Si realmente eres el Hijo de Dios, ordena que estas piedras se conviertan en pan," y "Si eres el Hijo de Dios, lanzaste al abismo y Él vendrá en tu ayuda." (Mateo: 3-6)

El diablo no era el tipo humilde que le preguntara a Jesús al ser bautizado lo que la voz del cielo significaba. El diablo, aunque captó aquello eso de "Hijo de Dios", aparentemente no captó que Jesús pudiera ser verdaderamente Dios y verdadero Hombre, sino alguien con poderes especiales.

Dios había castigado al diablo en el paraíso terrenal, que como serpiente había engañado a nuestros primeros padres, Adán y Eva, y los había incitado a desobedecer a Dios. Por eso le dijo:

Por lo que has hecho, pondré enemistad entre ti y la

mujer, entre su descendencia y la tuya. Su descendencia aplastará tu cabeza y tú sólo alcanzarás a morder su talón." (Génesis 3: 15)

El diablo sólo sabía que estaba en problemas, pero no captó quien podría ser la mujer y su hijo que aplastará su cabeza.

Hasta el momento quizá el diablo pensaría que esa mujer mencionada por Dios sería Eva. Pero con el tiempo descartó esa posibilidad y quedó a la espera de saber quién sería esa mujer.

Esto nos lleva de regreso a lo que Isabel le había dicho a María:

"Bendita tú eres entre todas las mujeres y bendito es el fruto de tu vientre." Lucas 1: 42

Aunque sin prestarle mucha atención, podríamos estar más familiarizados con lo de "Bendita tú eres entre las mujeres," pero para el diablo esa expresión tendría otra connotación. Se dice que Jael y Judit tuvieron la misión de aplastar la cabeza de los enemigos de Israel, pero al notar que Isabel le dijo a María: "Bendita entre las mujeres," ha de haber sospechado en esa dirección. ¿La cabeza de quien iba a ser aplastada por María?

En el Evangelio de San Lucas leemos que:

"María fue presurosa a la casa de Isabel, en la zona montañosa de Judá, y allí permaneció por tres meses (Lucas 1: 39, 56) Y que, al oír el saludo de María, el bebe de Isa-

bel saltó de gozo en su vientre (Lucas 1: 43-44)

En un libro del Antiguo Testamento también se menciona algo similar, Y David se levantó y fue con todo el pueblo que *estaba* con él a Baala de Judá, para hacer subir desde allí el arca de Dios 2 Samuel 6:2 Que, por las dificultades del viaje, David tuvo que permanecer en el lugar por tres meses (2 Samuel 6: 11) Y en su angustia por no poder traer el Arca a Jerusalén, David exclamo *"Como puede el Arca del Señor venir a mí" (2 Samuel 6:9)*

El Rey David pudo al fin hacer llegar el Arca a Jerusalén, y entonces saltaba y danzaba de gozo ante el Señor (2 Samuel 6:16)

¿Qué entiendes de esto? San Lucas nos está haciendo ver a través de la visita de María a Isabel que María es ciertamente la nueva Arca de la Alianza.

.

La Nueva Arca de la Alianza

Al hablar de María como el Arca de la Alianza, lo primero que nos viene a la mente es la pureza que se requiere para contener a Dios. Lo segundo que notamos es que en el Arca de la Alianza nosotros vemos algo aterrador. Cuando David y sus hombres movieron el Arca, uno de ellos llamado Ussah provocó la ira de Dios al tocar el Arca, tratando que no cayera al suelo al deslizarse de la carreta (2 Samuel 6:6-7)

¿Y cómo realmente llegó el Arca a la zona montañosa de Judá? Los Filisteos aterrados la llevaron allí. El Arca había sido capturada en batalla que ganaron contra los Israelitas, y la llevaron al templo pagano de su dios Dagon. ¿Y qué paso la siguiente mañana?

"Temprano por la mañana siguiente la gente de Ashdod vio que la estatua de Dagon había caído boca abajo al suelo en frente del Arca de la Alianza. Así que la levantaron y la volvieron a colocar en su puesto (1 Samuel 5:3)

"Temprano en la siguiente mañana, vieron de nuevo la estatua de Dagon en el suelo, enfrente del Arca; esta vez quebrada en pedazos, el cuerpo en el suelo frente al Arca y la cabeza y los brazos cerca de la puerta de entrada del templo."(1 Samuel 5:4)

Después de ver lo que pasaba a su ídolo, los Filisteos tomaron una decisión sabia, que fue la de retornar el Arca de Dios a Israel:

"Cuando ellos vieron lo que estaba sucediendo, inmediatamente dijeron, 'El Dios de Israel nos está castigando, lo mismo que castiga a nuestro dios Dagon. No podemos dejar más tiempo el Arca con nosotros." (1 Samuel 5: 7)

"Así que enviaron delegados a todos los reyes Filisteos, con la petición de que facilitaran el traslado del Arca de nuevo a su lugar. Entró el pánico en la ciudad porque vieron venir el castigo de Dios, para ellos y sus familias."(1 Samuel 5: 11)

Al recibir el Arca, los Israelitas se regocijaron, de tal manera que algunos por curiosidad vieron dentro del

Arca y murieron.

"Y entonces el Señor golpeó a los hombres de Beth Shemesh, porque se atrevieron a ver dentro del Arca. Cincuenta mil y setenta hombres fueron fulminados, y la gente lamentó la matanza que el Señor hizo de su pueblo." (1 Samuel 6:19)

Nos damos cuenta de que, aunque el Arca de la Alianza es un delicado vaso de Dios, también es poderoso y temible.

La visión de San Juan

María recibió un saludo: *"Bendita eres entre las mujeres,"* que las Escrituras les asignan a mujeres excepcionales que fueron a machacar la cabeza de los enemigos de Israel; y ésta ha de ser la razón por la cual el diablo le teme.

El autor del libro de la Revelación, o Apocalipsis, St. Juan, tiene una visión en la cual ve que la puerta del templo se abrió y pudo ver el Arca de la Alianza dentro del templo.

"Y entonces hubo truenos y relámpagos, terremotos y fuertes granizadas del cielo." Revelación 11: 19

Y vio una gran señal en el cielo:

"Una mujer vestida del sol, con la luna bajo sus pies, y en su cabeza una corona con doce estrellas." Revelación 12: 1(ESV)

"La mujer estaba preñada y gritaba por los dolores del parto y la agonía de dar a luz. Y apareció otra gran señal

en el cielo: un gran dragón, con siete cabezas y diez cuernos, y sobre sus cabezas siete diademas. Con su cola, el dragón barrió hacia la tierra una tercera parte de las estrellas del cielo. Y he aquí que el dragón se detuvo frente a la mujer que estaba a punto de dar a luz, esperando devorar al niño por venir. Y ella dio a luz un niño varón, el que está destinado a regir las naciones con barra de hierro, y fue llevado al trono de Dios." Revelación 12: 2-5 (ESV)

St. Juan nos dice que el dragón mencionado en su libro es *"la serpiente antigua, llamada Satán y Diablo, el que le miente al mundo entero." Revelación 12: 9 (ESV)*

El nombre clave para identificar al Niño es "barra de hierro," que St. Juan usa para describir a Jesús en su libro (Rev. 19: 15)

En Revelación 2: 27, la imagen de "barra de Hierro" se les da a los santos triunfadores en la misma forma que se le da a Jesús.

Este es el cetro de autoridad que Dios le da, tanto a Jesús como a estos santos triunfadores. En cuanto a la mujer que menciona, no hay duda de que la escritura se está refiriendo a María, pero también se puede estar refiriendo a la Iglesia que fundó Jesús, la cual trae perennemente a Jesús y a los Santos triunfadores a la tierra. (Rev. 12:2).

Génesis 3: 15 también menciona la enemistad que Dios pone entre la mujer y la serpiente, entre su descendencia y la suya.

"Y cuando el dragón fue lanzado a la tierra, se dedicó a perseguir a la mujer que dio luz al varón." Revelación 12:13(ESV)

La razón por la cual la Iglesia toma como interés propio el defender el dogma Mariano es porque el diablo odia a María,siendo que ella disfrutaba de la protección sobrenatural de las artimañas del diablo.

St. Juan narra que:

"Entonces el dragón se enfureció contra la mujer, y salió para hacer guerra contra el resto de la descendencia de ella, los que guardan los mandamientos de Dios y tienen el testimonio de Jesús." Revelación 12: 17 (ESV)

Y el arcángel Miguel sale en defensa del Hijo y los santos (Rev. 12:7-10), continuando en esta forma la batalla que sostuvo con el dragón en el cielo. También los santos triunfadores siguen la batalla en la tierra, porque ellos luchan contra Satán con la sangre del Cordero (Rev. 12:11)

El diablo no puede derrotar a María. La Escritura menciona que el Arca derrotó a los Filisteos y Dios derrotó a los Filisteos. Juntos trituran la cabeza del dragón. Tanto María, como el Arca de la Alianza son razón de pánico para Satán.

Bendita tú eres

"Bendita tu eres entre todas las mujeres" es un saludo desacostumbrado, ¿verdad? Entonces te preguntas: "Porqué *"entre todas las mujeres?*

"Santísima Virgen María," es el título que la Iglesia católica le da a María, el cual se deriva del saludo de su prima Isabel.

"Y sucede que cuando Isabel oyó el saludo de María, el bebe en su seno saltó de gozo; e Isabel quedó llena del Espíritu Santo. Y entonces gritó en alta voz, 'Bendita eres entre todas las mujeres.'(Lucas 1: 41-42) (NKJV)

Hay otras razones para coincidir con las palabras de Isabel:

1-Maria es la madre de Jesús y es también nuestra madre:

Con frecuencia nos referimos a María como nuestra madre, por el hecho de que en el Bautismo somos incorporados a Cristo Jesús. Las Escrituras dice:
"Todos somos el cuerpo de Cristo, y cada uno es parte de Él." 1 Corintios 12:27

'Jesús es la cabeza del cuerpo, su Iglesia." Colosenses 1: 18(NKJV)

Si María dio luz a Jesús, que es la cabeza del Cuerpo de Cristo, eso significa que ella también nos dio a luz a nosotros que somos el resto del cuerpo, porque no existe madre que de luz a la cabeza y se olvide del resto del cuerpo de su niño. Ella es realmente también madre de los miembros del Cuerpo de Cristo, desde que es madre de Jesús, que es la cabeza. María, entonces, es la madre de Jesús, y desde que estamos en Jesús, eso la hace también madre nuestra. Ella también es una buena madre que camina con nosotros, comparte nuestras penas, y nos mantiene cobijados con el amor de Dios. María estuvo con los Apóstoles y discípulos de Jesús, rezando después de que Jesús ascendió al cielo. Ella rezó con ellos por la venida del Espíritu Santo, y continúa rezando por la Iglesia y por toda la humanidad en nuestros días.

2- **María es el perfecto modelo del discípulo de Jesús.**

María es para nosotros el modelo de nuestra fe, de nuestra devoción y de nuestro amor. Por el "si" de María a Dios la humanidad fue redimida, y se le dio la oportunidad de salvarse. Ella es la madre de la evangelización, y reza por la venida del Espíritu Santo, por quien el entendimiento de la nueva evangelización es posible.

Y aunque María consideraba todo en su corazón, tenía la fe fuerte necesaria para la evangelización. Ella fue realmente una verdadera discípula de Cristo Jesús, y nosotros estamos llamados a seguir sus pasos.

3- **María es una intercesora poderosa.**

Como cristianos, nosotros tenemos una intercesora poderosa. y lo que hace que muchos cristianos no recurren a ella por ayuda es una instrucción pobre y un entendimiento débil. Precisamente, Dios nos ha dado a su madre para que nos ayude en el proceso de nuestra salvación. Al buscar la santidad, nosotros buscamos a Jesús, y nadie está mejor equipada que su madre para guiarnos a Él. *De acuerdo con san Pablo, los miembros del Cuerpo de Cristo, en la tierra o en el cielo, interceden uno por el otro en base al amor (1 Tim 2: 1-3)* Nosotros podemos pedirle directamente a Dios en nuestras necesidades, pero también podemos acudir a nuestros hermanos y hermanas en Cristo para que intercedan por nosotros en nuestras vidas personales. Debemos pedirle a la madre de Dios que interceda por nosotros en nuestras vidas, porque *las oraciones de los justos valen mucho (James 5:16)*, y el poder que tienen las peticiones de María son poderosas.

María obtuvo perfección por la Gracia de Dios, y obtuvo una vida de perfecta santidad. En esa forma, María fue salvada por anticipación, y preservada especialmente por Dios desde antes de nacer. Para cuando el Ángel la saludó, ya era ella "llena de gracia." No otra persona en la Biblia es saludada de esa forma por un mensajero del cielo.

Con frecuencia nos dirigimos a ciertas personas con respeto, con ciertos títulos especiales: en la corte como "Honorable", en el hospital como "Doctor. En la misma forma, el mensajero del cielo se dirige a María como "Llena de Gracia." Por ello el saludo del ángel dejó a María pasmada, cavilando sobre el significado de tal cumplimento. ¿Si un ángel trató a María con tal respeto, no debiéramos tratarla nosotros mejor?

CAPITULO SEXTO
Una espada atraviesa su alma

La escritura no menciona ninguna lesión física que se le haya infligido a María. Pero si podemos ver el sufrimiento moral que su papel como madre de Jesús le causó. Solamente basta contemplarla a pie de la cruz donde crucificaron a su hijo.

Si has experimentado un sufrimiento de tal magnitud, emprenderás lo que sufrió María." Ella sufrió en el alma y su amado hijo en el cuerpo.

"Simeón los bendijo y le dijo a su madre, "He aquí que este niño está destinado para caída y elevación de muchos en Israel a y como signo de contradicción y a ti misma una espada te atravesará el alma! – a fin de que queden al descubierto las intenciones de muchos corazones."(Lucas 2: 34-35)

Dios escogió a María para que fuera la madre de su unigénito Hijo, y ella lo recibió con amor y devoción. Hay momentos en que disfrutamos momentos felices en nuestras vidas, y hay momentos de sufrimientos y frustraciones que nos abaten, y estos últimos son las espadas que atraviesan nuestra alma.

María acababa de ser la madre del único niño que ha nacido perfecto y sin pecado original. Y aun Simeón le previno, diciéndole que muchos le contradecirían y hablarían mal de Él; y que un día la espada atravesaría su alma. Simeón le dijo que el niño sería un signo de contradicción. Y, de hecho, cuando Jesús creció fue objeto de desprecio y rechazo, y de muchas acusaciones. La Biblia nos dice de los muchos momentos de angustia que María pasó en su vida. A la edad de doce años, Jesús fue con sus padres y otros familiares a Jerusalén a celebrar el Passover. En Jerusalén, Jesús quedó rezagado en el Templo, mientras que el resto del grupo había ya partido. En el Templo, Jesús se encontró en medio de los Maestros de la Ley, haciéndoles preguntas y respondiéndoles sobre las escrituras (Lucas 2: 46-47)

Al tercer día sus padres se dieron cuenta de su ausencia y regresaron al templo. Allí encontraron a Jesús en medio de los Doctores de la Ley, y María le dijo: *"Tu padre y yo te estuvimos buscando con angustia."* Y el joven Jesús les respondió: *"No sabían qué he de ocuparme de las cosas de mi Padre?*

¿Cómo de repente se le vio a Jesús independiente? Y el corazón de su madre atravesado por su pérdida y por la respuesta a sus padres, cuando tenía doce años.

El Evangelio de san Juan (2: 1-11), nos dice que María, Jesús y sus discípulos fueron invitados a una boda en Caná de Galilea el vino se terminó. María quería ayudar a la gente, y luego se acercó a su Hijo Jesús y le dijo que no les quedaba vino. María se dio cuenta y le dijo a Jesús, Y Jesús le respondió, *"Mujer; qué nos va a ti y a mí. No ha llegado mi hora.".* Ahora, esto parecía una falta de respeto para decirle uno a su propia madre. y sus palabras realmente deben haber traspasado el corazón de su madre como una puñal.

Un día, mientras Jesús estaba en una casa enseñando a algunas personas, su Madre y sus hermanos vinieron a verlo.Pero quedaron afuera esperando a verle (Matthew 12: 46-50) Ellos no fueron para escucharle,estaban esperando para encontrarle . Cuando le avisaron que sus familiares estaban allá afuera Jesús le respondió: "**¿Quién es mi madre** y **quiénes son mis hermanos**?" Y señalando con la mano a sus discípulos, agregó: "Éstos son **mi madre** y **mis hermanos.** Porque todo el **que** hace la voluntad de **mi Padre que** está en el cielo, ése es **mi hermano, mi hermana** y **mi madre**".

¿Qué estaba haciendo Jesús con esto? ¿Él repudió a su familia? Su madre solo quería hablar con Él, pero las palabras que escuchó de Él debieron haberle traspasado el corazón ¿Era esto lo que Simeón quería decir con la espada?

El día llegó en que los soldados romanos llevaron a Jesús al lugar de su ejecución. Era el lugar donde los ladrones y malhechores eran ejecutados. Jesús fue insultado en todo el camino y su madre lo vio golpeado y coronado de espinas y todo el cuerpo cubierto de sangre.

Jesús cargaba su cruz, que no era tan pesada como la carga extra de los pecados del mundo sobre ella. Las escrituras dicen que *"El Señor ha puesto la iniquidad de todos los hombres sobre El."*

Extendieron sus brazos sobre la cruz, y sus manos y pies fueron a clavados al madero por los soldados. De seguro que María, su madre, ha de haber llorado amargamente. Y su alma ha de haber sido traspasada al ver a su hijo colgado en la cruz, sufriendo y muriendo por los pecados del mundo.

Jesús había dicho antes, *"Cuando yo sea levantado sobre la tierra, atraeré a todos hacia mí."* (Juan 12: 32)

"La espada del Espíritu es la palabra de Dios." (Efesios 6: 17)

Porque la palabra de Dios es viva y efectiva, con más filo que una espada de doble filo, capaz de penetrar alma y espíritu, las articulaciones y meollos de los huesos. Capaz de discernir los pensamientos e intenciones del corazón."(Hebreos 4: 12)

De acuerdo con la profecía de Simeón, la espada que "revela los pensamientos del corazón" fue lo que María experimentó al ver el cuerpo descubierto de su hijo muerto en la cruz. Porque entonces le rindió su voluntad, completamente en corazón alma y pensamientos, al Padre celestial, para que perdonara a los ejecutores de semejante atrocidad.

CAPITULO SEPTIMO

Veneración o adoración

Los católicos oyen con frecuencia la pregunta, "¿Porque los católicos le rezan a la Virgen María?

El no-católico les suplica a otros en la tierra por ayuda en sus problemas, pero no a los que ya se han ido. Porque quienes hacen esas preguntas se sienten desconectados con los que ya han muerto. Ven sin fruto el rezo a los que han muerto, y por los que han muerto. Se fueron, se fueron! Y se acabó', dicen ellos.

Los católicos piden la intercesión de María, la madre de Jesús, y la de los santos del cielo, porque el Cuerpo de Cristo en el cielo está conectado con el Cuerpo de Cristo en la tierra. Que hayan pasado de un lugar a otro no significa que hayan muerto. Mas bien, ellos siguen vivos y más cerca de Jesús en el cielo que los de la tierra.

Les pedimos a los amigos en la tierra que recen por nosotros cuando tenemos un problema, y pedirle a

María su intercesión en el cielo es lo mismo que pedirle a un amigo en la tierra, porque ella está viva y más cerca de su hijo en el cielo.

El libro de la Revelación (Apocalipsis), menciona la oración a los santos:

"Y después de abrir el libro, las cuatro creaturas vivientes, y los veinticuatro ancianos cayeron de rodillas ante el Cordero, cada uno con arpa en la mano e incensarios de oro con el incienso de las oraciones de los santos. (Revelación 5: 8)

"Y entonces otro ángel, con un incensario se acercó y permaneció frente al altar. Se le dio bastante incienso, para que lo ofreciera con las oraciones de los santos, sobre el altar de oro frente al trono de Dios. Y el humo del incienso, con las oraciones de los santos, subió a Dios de las manos del ángel" (Revelación 8: 3-4)

Las oraciones que los santos en el cielo ofrecen, vienen a favorecer a los fieles de la tierra. Y a ellos les podemos pedir que las ofrezcan por propósitos específicos, como se los pedimos a los amigos de la tierra. ¿Si el Cuerpo de Cristo en la tierra es el mismo que el Cuerpo de Cristo en el cielo, por qué no les podemos pedir a los del cielo por los de la tierra? Porque en caso negativo estaríamos negando la unidad del Cuerpo de Cristo.

San Pablo, en su carta a los Romanos (8: 35-39) nos da a entender que nada puede separarnos del amor de Dios. Y si el amor de Dios nos tiene a todos unidos,

¿qué es lo que puede separarnos los unos de los otros?

Jesús nos dijo que Dios es Dios de vivos, no de los muertos. Así que, si Dios es Dios de Abraham, Dios de Isaac y el Dios de Jacob, ello significa que ellos están vivos, y Dios es Dios de María que está viva también. Y Él estaba hablando acerca de la resurrección de los muertos en San Marcos (12: 24-27) Esto quiere decir que la gente que muere con fe, en realidad no está muerta, han resucitados a la vida del cielo, y les podemos pedirles por sus oraciones a Dios. Y porque María es la madre de Jesús, con más razón nos podemos dirigir a ella para que interceda por nosotros.

¿Es que los católicos adoran a la Virgen María?

Es triste ver que algunos cristianos, que aman a Jesús con todo su corazón, inmediatamente retroceden con temor al mencionarles a María, su madre. También, ver que algunos que aman a la Virgen María, se quedan mudos tan pronto como se les pregunta la razón por la que la aman.

Dejemos claro que los católicos no adoran a María, sino que la honran, como nosotros honramos a nuestras propias madres. Si la adoraran cometerían el pecado de idolatría. Adoración solamente se le rinde a Dios. Los católicos le rezan a María, pidiéndole su intercesión por la gracia especial que ella tiene ante Dios, del cual depende nuestra salvación.

María proclamó, por inspiración del Espíritu Santo:

"Todas las generaciones me llamaran bendita." *(Lucas 1:48)*

María es venerada por haber sida elevada por Dios a un lugar especial de honor; pero eso no equivale a adoración. Mientras que Eva cayó en la tentación de la serpiente, diciéndole "no" a la voluntad de Dios. María no cayó en tentación y permaneció fiel a Dios diciéndole "Si" a Dios ante el ángel Gabriel. Pero todavía hay gente que no ve la diferencia y no puede ceder en este punto.

¿No es necesario, dicen unos, honrar a María para acercarnos a Dios! ¿Porque no ir directamente a Jesús?

Tratemos de entender el papel de María en nuestra relación con Dios. Imaginémonos a un campesino que quiere el favor del rey, y va a la reina para que le presente el fruto de su campo al rey. Si la reina simpatiza con él, presentará su regalo en una bandeja de oro y le pedirá al rey el favor para el campesino. Y el campesino tendrá más aceptación de ser atendido.

Jesús nos dio a su madre cuando estaba muriendo en la cruz:

"Y le dijo a su madre. '¡Mujer, he allí a tu hijo! ¡Luego le dijo a su discípulo, "he allí a tu madre! (Juan 19:26-27)

Desde entonces María es honrada, no sólo porque es una madre para nosotros sino porque Dios la honró a ella. Hay muchas mujeres en el mundo, pero ella escogió a María para que fuera la madre de su Hijo unigénito, y madre nuestra. Su inalterable "Si" a Dios la hizo el vaso de salvación para la humanidad. Además, María es mantenida en alta estima porque es el perfecto modelo de humildad y de fe.

Amando y honrando a María nos ayuda a crecer en la habilidad de imitar la vida que ella tuvo en la tierra. Cuando nos ofrecemos a Dios y le decimos "Si" a Dios, nosotros también crecemos en nuestra fe. Nosotros crecemos en amor a Jesús más porque ella continuamente nos ayuda a conocerlo y nos guía hacia Él.

CAPITULO OCTAVO

Imitando a María

María es ciertamente la obra maestra de la creación; y el mejor modelo por imitar para salvarnos. Ella es la Esposa mística del Espíritu Santo; es la Hija del Padre, y es también la madre del eterno Hijo del Padre. Esto significa que tiene una intima conexión con la Santísima Trinidad de Dios que nadie más la tiene, y si es la mejor conexión con Jesús, es nuestra mejor conexión con Dios.

Su vida puede guiar nuestras acciones porque en ella podemos ver reflejada la voluntad de Dios. Por tanto, por ella podemos permanecer junto a Dios como refugio contra el pecado y el demonio, los cuales quieren separarnos de Dios.

¿Te puedes imaginar un ángel viniendo a ti con un mensaje del cielo? Para nuestro bien, María no se acobardó ante la presencia del ángel. Además de esto. María tiene otras características que nos pueden servir en nuestro caminar con Dios.

Por ejemplo, cuando necesitamos un modelo de cómo amarnos los unos a los otros, bien podemos mirar a María, quien, como madre nuestra, no vacilará en indicarnos el camino para amar al prójimo, que nos lleva al cielo.

Consideremos las virtudes de la Santísima Virgen María:

1-*Gran fe*

A través de la vida de María, podemos ver la gran fe que siempre mostró ante Dios. Después de la muerte de Jesús la fe de los Apóstoles estaba por los suelos y allí estuvo ella para animarlos. María, aunque sufriendo lo indecible conservó su fe, y nosotros podemos imitarla conservando nuestra fe cuando las penas de la vida nos agobian. No hay duda de que, en esto, María fue la primera entre los discípulos de Jesús, y la más fiel de todos ellos. Si le pedimos en oración, ella puede ayudarnos a fortalecer nuestra fe.

2-Inmovible esperanza

Además de ser una mujer de gran fe, María fue también una mujer de una esperanza inmutable. Ella creyó y confió. Así que ella puede ayudarnos a levantar, como ella lo hizo, nuestros ojos a Dios, con la confianza de que El cumplirá lo que nos promete. Es más, ella no nos dejara solos, y caminará con nosotros para sostener nuestra fe en nuestro camino al cielo.

3-Heroismo en la pureza

Jesús nos dice que "El puro de corazón vera a Dios" (Mateo 5: 8) Y después de Jesús, María fue la más pura de las creaturas, por eso vio a Dios, aun dentro de sí misma.

Los pecados de la carne arruinan muchas almas, y usualmente el que los comete falla en cumplir con el sexto y el noveno mandamiento de Dios, que tienen que ver con la pureza. Si hemos de cumplir con esos mandamientos, la Iglesia nos recomienda que la mejor decisión que podemos tomar es permanecer junto a María. Especialmente en nuestra consagración a su inmaculado corazón. En esta forma nuestro corazón permanecerá puro hasta el final, lo cual nos hará ver a Dios.

4-Amor supernatural y la caridad.

El amor supernatural consiste en amar a Dios profundamente y con todo nuestro ser (Marcos 12: 30) Generalmente se le asocia con el termino "Ágape" o "Caridad." Es más, se trata de desligarlo del simple acto de dar dinero o bienes a otros, o filantropía. En María no había limites en su expresión por su amor a Dios y por los otros seres humanos, y últimamente se reportan de apariciones que muestran su celo por la salvación de nuestras almas. Si se lo pedimos, ella puede lograr la inflamación del amor de Dios en nuestros corazones, tanto por Dios como por el prójimo.

5-Modelo de obediencia

Obediencia parece ser la virtud mas demandante. Y María vivió una vida de obediencia tan heroica como la de su hijo Jesús, quien aún fue a la cruz para redimirnos de nuestros pecados. Su deseo por complacer a Dios, impulso a María en su respuesta al ángel Gabriel; *"Yo soy la esclava del señor; que se haga en mí de acuerdo con tu palabra."*

En este mundo de rebeldía y desobediencia, María, por su humildad, puede ayudarnos con su ejemplo, a vivir una vida de obediencia a Dios.

6-Paciencia

No hay duda de que todos necesitamos la virtud de la paciencia en nuestras vidas. María, gustosa y con paciencia aceptó la voluntad de Dios en su vida, y sufrió los contratiempos y contradicciones que su complimiento requerían. Con paciencia acompañó a su Hijo en su camino al Calvario cuando los soldados lo forzaron para crucificarlo en la cruz. Pero más que nada cuando se paró al pie de Jesús clavado en la cruz, y muriendo para la salvación del mundo.

7-Oracion

La unión de la Santísima Virgen María con Dios es tan íntima y poderosa, que su intercesión por nosotros está asegurada. En el Evangelio leemos que María intervino ante su hijo Jesús por los anfitriones en las Bodas de Caná, cuando el vino en la fiesta se les había terminado. Jesús hizo como si la hora no le había llegado, pero terminó convirtiendo las vasijas de agua en vasijas del mejor vino se pueda imaginar (Juan 2:10) En este caso, María nos enseña que pidiendo se logra con Jesús lo que la voluntad de Dios requiere.

8-Penitencia

La práctica de penitencia y de constante oración es muy importante en nuestra caminar Cristiano. No se debe omitir a ofrecer sacrificios y oraciones por la conversión de pecadores. Muchas almas se pierden por la falta de alguien que ofrezca oraciones y sacrificios por ellas. Es, por tanto, un gran acto de amor para con nuestras seres queridos de acercarles a Dios por medio de nuestras oraciones. Podemos entregar nuestros deseos y oraciones entre las manos de Maria para que ella les presente a Dios.

9-Humildad y dulzura

María tiene otra virtud sublime que es su mansedumbre y dulzura angelical. Tenía una personalidad muy cariñosa, amable y mansa. María tiene otra virtud sublime que es su mansedumbre y dulzura angelical. Tenía una personalidad muy cariñosa, amable y mansa. A medida que avanzamos en nuestras vidas, podemos pedirle que nos inspire bondad, mansedumbre, dulzura y compasión. Tenía la elegancia y la gracia que también podemos pedir a ella.. Saludó a su prima Isabel con su encantadora personalidad; Ella puede darnos la gracia de hacerlo también en nuestros encuentros con los que nos rodean.

La Santísima Virgen María fue una mujer fuerte que encarnó un espíritu afable y manso. Podemos ver esta fuerza cuando se paró al pie de la cruz de Jesús, conocida como Stabat Mater (la Madre de Pie). En nuestro caminar con Dios, siempre podemos volvernos hacia ella para pedirle gracia, valor y fuerza.

Formas en que podemos usar para lograr ser como María

1-Simplemente decir "Si"

La historia de María empieza al decir que "Si" a la proposición de Dios. El "si" estaba cargada de preguntas, pero era una respuesta firme. Un vistazo en tu vida te sugeriría la pregunta: ¿Qué es lo que Dios pide de Ti? ¿Parece aterrador o difícil? ¿Sigue poniendo algo en tu corazón para que lo hagas, pero parece una locura?Pregúntese qué quiere Dios que haga, luego decida y encuentre el valor para decirle "sí". La voluntad de Dios para nosotros es la mejor. Nos ahorraríamos muchos dolores de cabeza si aceptamos Su voluntad para nuestras vidas.

2-**Permanece humilde**

Si alguien importante te ha pedido algo por hacer ¿cómo te has sentido? Pudiste haberte sentido halagado, y si te descuidaste, ese sentimiento pudo haberse vuelto arrogancia. O humildad falsa.

Notamos que María no exhibió falsa humildad cuando Dios, por medio del ángel, le pidió que fuera la madre de su Hijo. Ella no le dijo que no era digna de lo que le pedía, simplemente le dijo:

"He aquí la esclava del Señor, que se haga en mí según tu palabra."

Esta es verdadera humildad, porque acepta las cosas como son y hace la voluntad de Dios.

¿Qué es lo que Dios nos está pidiendo a nosotros? Verdadera humildad. Si no la identificamos, podemos sentirnos más seguros siguiendo el ejemplo de María, y aprender a ser humilde como ella.

3-**Acompañar a la gente en su pena**

¿Te puedes imaginar lo que sufre alguien cuando ve sufrir y morir a quien ama? Estoy seguro de que coincidimos en que es algo terrible. María vio sufrir y morir a su hijo Jesús, pero no desfalleció, sino que permaneció firme con Él en su pena. No te tocará ver algo tan patético, pero tal vez verás gente que sufre y que necesita alguien a su lado en su pena. Un oído atento, o el estar allí con los familiares de alguien que ha dejado este mundo. María es un modelo de alguien que no se acobarda ni desaparece ante la pena.

CONCLUSION

Ahora que has leído este libro, la próxima vez que veas una imagen de María, o algún escrito sobre ella, en el internet o TV, ya no estarás pensando quién es ella.

La Virgen María era tan valiosa en el plan de Dios por salvar a la humanidad, que no vaciló en enviarle del cielo a su mensajero, Gabriel.

María recibió del ángel Gabriel, la proposición de una misión difícil, más allá de sus fuerzas: la de ser la madre del Hijo de Dios. Ella comprendió que la proposición venía de Dios mismo y la aceptó con humildad, porque para Él todo es posible.

La Virgen María fue probada en su fe desde entonces, teniendo que viajar en sus últimos momentos de su preñez, a un lugar lejano donde no podía asegurar un lugar para reposar. Pero encontró fuerza en Dios. Y confiando en Dios, se le permitió cumplir con la profecía que anunciaba el nacimiento del Mesías en Belén.

Su fe fue premiada con el relato de los pastores que

le anunciaban la revelación de los ángeles acerca del nacimiento de un Salvador. También fue premiada por la visita de los tres sabios reales del Oriente, quienes venían a darle homenaje al recién nacido.

Cuando Dios pide algo, también provee lo necesario para su cumplimiento.

María fue la primera que tuvo el privilegio de besar la frente de Dios. Y como discípulo, ella no huyó cuando los demás lo abandonaron. Permaneciendo hasta el final como testigo de los sufrimientos y la muerte de su hijo en la cruz, María nos da esperanza a todos los que sufrimos e insistimos en cargar nuestra propia cruz con El. Ella permanece como modelo para los que quieren practicar las virtudes cristianas.

Tenemos que acostumbrarnos a relacionar el ministerio del hijo Jesús con el de su madre María. El primer milagro en las bodas de Cana sucedió como resultado de la intercesión de María a favor de los que ya no tenían vino. Pero es importante recordar que la madre no está allí para desplazar a Jesús; todo lo contrario, ante la reticencia de Jesús, María les dijo a los de casa: *"Hagan lo que Él les diga."* Porque su mediación no disminuye la mediación de Jesús ante su Padre celestial. Ella solamente trata de ayudarnos con amor de madre a caminar hacia Dios.

Tenemos que tratar de imitar a la Santísima Virgen María, porque ella es lo que todo cristiano debe ser. Ella logró el heroísmo en su fe, y entiende lo que debemos luchar para lograr lo mismo. Es bueno, entonces, cuando pienses en ella, que le pidas que te ayude en lo que otros piden para ellos en su camino a la santidad. Dios le envió a ella su ángel, y ahora Jesús nos envía a su propia Madre. Porque Él sabe que con su ayuda lograremos aceptar y cumplir la voluntad de Dios cuán difícil que nos parece.

En cuanto a hablar de la Santísima Virgen Maria con otras personas, es más importante tener mucho amor que compartir que muchas respuestas . Ella sacará el mejor provecho de nuestras deficiencias como lo hace una madre. Así que debes evangelizar con confianza, sabiendo que no tienes todas las respuestas, pero Dios te dará todo lo que necesitas porque Él nunca falla.

Es mi esperanza que este libro sea la fuente de conocimiento para los que lo lean, a fin de que puedan entender más al fondo la Santísima Virgen María y nuestra Fe cristiana. Así que entendiéndose a ella podamos entender la misma *Verdad* su hijo, nuestro

Señor Jesucristo.

Dios te salve María
llena eres de gracia
el Señor es contigo;

bendita tú eres
entre todas las mujeres,
y bendito es el fruto
de tu vientre, Jesús.
Santa María, Madre de Dios,
ruega por nosotros, pecadores,
ahora y en la ahora
de nuestra muerte. Amén

Printed in Great Britain
by Amazon

64641900R00047